BEI GRIN MACHT SICH IHR WISSEN BEZAHLT

AF149589

- Wir veröffentlichen Ihre Hausarbeit, Bachelor- und Masterarbeit

- Ihr eigenes eBook und Buch - weltweit in allen wichtigen Shops

- Verdienen Sie an jedem Verkauf

Jetzt bei www.GRIN.com hochladen und kostenlos publizieren

Alina Schulz

Wen und was bewegte die Movida?

Über ein kulturelles Phänomen der Transition

GRIN Verlag

Bibliografische Information der Deutschen Nationalbibliothek:

Die Deutsche Bibliothek verzeichnet diese Publikation in der Deutschen National-
bibliografie; detaillierte bibliografische Daten sind im Internet über http://dnb.d-
nb.de/ abrufbar.

Impressum:

Copyright © 2009 GRIN Verlag GmbH
Druck und Bindung: Books on Demand GmbH, Norderstedt Germany
ISBN: 978-3-640-85194-2

Dieses Buch bei GRIN:

http://www.grin.com/de/e-book/167106/wen-und-was-bewegte-die-movida

GRIN - Your knowledge has value

Der GRIN Verlag publiziert seit 1998 wissenschaftliche Arbeiten von Studenten, Hochschullehrern und anderen Akademikern als eBook und gedrucktes Buch. Die Verlagswebsite www.grin.com ist die ideale Plattform zur Veröffentlichung von Hausarbeiten, Abschlussarbeiten, wissenschaftlichen Aufsätzen, Dissertationen und Fachbüchern.

Besuchen Sie uns im Internet:

http://www.grin.com/

http://www.facebook.com/grincom

http://www.twitter.com/grin_com

Inhalt

I Einleitung

„It's difficult to speak of La movida and explain it to those who dindn't live those years. We weren't a generation; we weren't an artistic movement; we weren't a group with a concrete ideology. We were simply a bunch of people that coincided in one of the most explosive moments in the country."[1,2] – so sagt Pedro Almodóvar, der schon zur Zeit der Movida seine Erfahrungen in Filmen zum Ausdruck brachte und damit zu einem der berühmtesten spanischen Filmregisseure und Drehbuchautoren wurde. Schlägt man in einem Wörterbuch den Begriff Movida nach, so wird sie als „kulturelle Erneuerungsbewegung in Madrid gegen Ende der 70er Jahre"[3] definiert. Weiterhin findet man als Übersetzung für „mover" „bewegen". Somit bekommt man schon einen Eindruck, was Almodóvar mit „one of the most explosive moments in the country" meint: die Movida Madrileña scheint eine bedeutende Veränderung, etwas nie zuvor Erlebtes, gewesen zu sein.

Ursprung dieses kulturellen Aufschwungs war die spanische Transition. Als der Diktator Francisco Franco im Jahr 1975 starb, wurde das bestehende politische System von mehreren Beteiligten nach und nach zu einer Demokratie umgewandelt. Durch, aber auch neben diesem politischen Wandel gestalteten die Madrilenen ihr Leben umfassend neu. Allerdings beschreibt die Movida keine plötzliche und schlagartige Veränderung; es gibt viele Faktoren, die sie zu dem machten, was sie war.

In meiner Facharbeit möchte ich mich vor allem mit den Akteuren der Movida befassen, durch die man noch heute aus ihren Werken unterschiedlicher Genres über diese Zeit erfahren kann.
Zunächst möchte ich klären, welche Hintergründe es für die Bewegung gab. In diesem Zusammenhang befasse ich mich mit der Transition nach dem Tod Francos, auf dessen Herrschaftsstil ich kurz verweise. Anschließend werde ich auf die Movida im Allgemeinen eingehen, um die Handlungen der Künstler besser verständlich zu machen. Bevor ich Näheres zu den zwei wohl bekanntesten Akteuren dieser Epoche, Pedro Almodóvar und Alaska, berichte, werde ich die gemeinsame Lebensphilosophie aller Movida-Anhänger schildern. Die Auswirkungen, die die Kulturbewegung hervorgerufen hat, möchte ich abschließend benennen.

---

[1] *Madrid-uno, „La Movida Madrileña"* (2009)
[2] ~ „Es ist kompliziert, von der Movida zu reden und sie denen zu erklären, die diese Jahre nicht miterlebt haben. Wir waren keine Generation; wir waren kein künstlerisches Werk; wir waren keine Gruppe mit einer konkreten Ideologie. Wir waren einfach ein Haufen von Leuten, die bei einem der brisantesten Momente des Landes mitgewirkt haben."
[3] Universalwörterbuch Spanisch 2005: 361

II Hauptteil

1. Historische und politische Hintergründe

Ein Anfang und ein Ende der Movida lassen sich auf Grund der vielen verschiedenen Einflüsse auf das Leben der Spanier kaum bestimmen, weil nicht genau gesagt werden kann, welches Ereignis ausschlaggebend für den kulturellen Wandel war. Während einige ihre Anfänge schon nach 1964 sehen, als sich in London die Rockkultur entwickelte und nach diesem Vorbild die Spanier begannen, sich ebenfalls nach mehr Freiheit zu sehnen,[1] ist man sich doch einig, dass sie dies erst nach dem Tod Francos erreichen konnten.

1.1 Spanien unter Franco 1939 – 1975

„El Caudillo" – diesen Beinamen trug Francisco Franco während seiner Regierungszeit,[2] und so kennt man ihn auch heute noch: als den Führer Spaniens.

Schon während des spanischen Bürgerkriegs, der 1936 begann, agierte Franco in Zusammenarbeit mit der katholischen Kirche als Regierungschef und übernahm die politische und militärische Führung Spaniens. Als im Februar 1939 der Bürgerkrieg beendet war, wurde Francos Regierung von den Westmächten anerkannt. Wenig später besetzte er Madrid und übernahm dann endgültig die Macht.[3]

Während seiner Regierungszeit wurden in Spanien demokratische und regionalistische Absichten unterdrückt. Er rief kein konkretes Parteiprogramm aus, sondern forderte beispielsweise „vollständige nationale Einheit" und die Einführung „strengster Grundsätze der Autorität".[4] Somit gab er nie eine deutliche Ideologie bekannt. Seine politische Theorie beruhte auf katholisch-traditionellen Werten und es kam zu einer engen Kooperation zwischen Kirche und Staat, da der Katholizismus als integrierender Bestandteil der spanischen Kultur angesehen wurde. Außerdem basierte sie auf einer wissenschaftlich-modernen Weltanschauung und Intoleranz gegenüber Oppositionellen.[5]

Durch Machtkonsolidierung versuchte das Regime, „alle Kulturinstanzen [...] zu kontrollieren."[6] Franco ließ alles verbieten, das sich gegen seine Denkweise richtete. Der Gebrauch von Dialekten und Fremdwörtern beispielsweise wurde sowohl im alltäglichen Leben als auch in Radio und Kino

---

[1] Vgl. Nolte 2009: 65
[2] Vgl. *Uni-Protokolle, „Francisco Franco"*
[3] Vgl. *DHM, „Francisco Franco"*
[4] Vgl. *fascho!, „Franquismus – Spanien unter der Diktatur Francos"* (2007)
[5] Vgl. Gimber 2003: 94
[6] ebd.: 100

untersagt und liberale Presse wie der Verkauf der *Revista de Occidente*, der wichtigsten Kulturzeitschrift Spaniens, wurde eingestellt.[1]

Zu den Rechten der Frauen zur Zeit des Frankismus ist zu sagen, dass sie als juristisch unmündig behandelt wurden. Waren sie ledig, konnten ihre Väter über sie bestimmen, Verheiratete waren abhängig von ihren Ehemännern. Verhütung und Abtreibung wurden untersagt und man durfte sich nicht scheiden lassen. Alle spanischen Frauen hatten sich nach dem Vorbild der katholischen Königin zu verhalten, Dienst und Unterwerfung gehörten zum Gebot. Außerdem war ihnen keine Entscheidung freigestellt: Sie durften nicht rauchen und es rief einen Skandal hervor, als sich eine spanische Sportlerin einer Geschlechtsumwandlung unterzog. Daraufhin wurde es allen Frauen untersagt, Leichtathletik zu betreiben.[2]

Die Diktatur war eine personalistische Herrschaft, die also stark von der Persönlichkeit Francos geprägt wurde. Er gilt heute im Allgemeinen als der letzte europäische faschistische Diktator.[3]

1.2 Die Transition – Übergang zur Demokratie

Bei der spanischen Transition handelt es sich um den Übergang von der Diktatur zu einem demokratischen System. Sie setzte nach Francisco Francos Tod am 20. November 1975 ein und trug Veränderungen in allen Lebensbereichen der Spanier mit sich; statt Unterdrückung herrschte Freiheit.[4] Es fand eine „Transformation von Staat und Gesellschaft mit einem Wandel in den Einstellungen, Mentalitäten und Lebensformen"[5] statt.
Binnen der Übergangszeit wurden eine große Menge von Verhandlungen und Abkommen zwischen Vertretern des alten Systems und gemäßigten Kräften, die „auf grundlegende Reformen drängten",[6] ausgeführt.

Während sich 1970 noch 87% der spanischen Bevölkerung als praktizierende Katholiken bekannten, war es 1991 nur noch jeder Zweite. Nachdem Katholizismus und Imperialismus nicht mehr als Leitlinien galten, zählten zu den neuen Verhaltensmustern Versöhnung, Modernisierung und Europäisierung. Diese konnten lediglich „in Verbindung mit der Demokratisierung des Landes und der Wachablösung innerhalb der politischen Elite"[7] gelingen. Zwar wurden frankistische Staatsbeamte nicht des Amtes dispensiert, doch einige Politiker, die unter Franco als Staatsfeinde galten, nahmen die Führung des Staates auf.[8]

---

[1] Vgl. Gimver 2003: 95f
[2] Vgl. ebd.: 96f
[3] Vgl. *Uni-Protokolle, „Francisco Franco"*
[4] Vgl. Gimber 2003: 111f
[5] Bernecker 1998: 297
[6] Pfetsch (Hrsg.) 1991: 121
[7] Gimber 2003: 111
[8] Dazu gehörten u.a. der Gewerkschaftsführer Marcelino Camacho und Jordi Pujol, der Präsident von Katalonien.

Schon 1974 kam es in Spanien zu einer leichten Liberalisierung, da König Juan Carlos während einer Krankheit Francos kurzfristig die Regierung übernahm.[1] In Zusammenarbeit mit dem Ministerpräsidenten Adolfo Suárez setzte sich dieser auch nach Francos Tod für den Wandel in die Demokratie ein.[2]

1977 fanden in Spanien erstmals freie Parlamentswahlen statt und 1978 unterzeichnete man die neue Verfassung.

1979 wurde Enrique Tierno Galván Bürgermeister von Madrid. Dieser galt im Frankismus als führende Oppositionsfigur. Man warf ihn als Professor aus der Universität, da er Proteste gegen das Franco-Regime unterstützte. In der Movida aber wurde er für seine „offene lebensbejahende Einstellung"[3] geehrt und die neue unvoreingenommene Stimmung in Madrid war nur durch seine liberale Amtsführung möglich.

Nachdem der Putschversuch Tejeros, einem Anhänger Francos, am 23. Februar 1981 gescheitert war, festigte sich die junge spanische Demokratie mit dem Wahlsieg der während der Diktatur verbotenen sozialistischen Partei PSOE 1982.[4] Zusammen mit Tierno Galván bemühte sich deren Oberhaupt Felipe Gonzáles, Spanien im Ausland angesehener zu machen und vor allem die Entwicklung des Landes nach dem Frankismus wieder voranzutreiben.[5]

2. „Madrid war eine einzige Party"[6] – Das neue Lebensgefühl der Madrilenen

Die Movida steht heute noch für die „Einführung neuer Werke und Praktiken in die spanische Gesellschaft und Kultur"; sie ist „als Motor des Wandels revolutionär".[7]

Im *Diccionario de la Lengua Española* wird das Wort *movida* mit der umgangssprachlichen Bedeutung für „juerga" oder „diversión"[8] aufgeführt. Bei der Movida ging es um das „Sich-Bewegen, Aktivsein [und] Für-Wirbel-Sorgen".[9] Um hervorzuheben, dass die Stadt Madrid Ursprung der Aktionen war, wird oft der Begriff Movida Madrileña verwendet. Diese Kulturbewegung existierte vorwiegend dort, aber auch in anderen Städten Spaniens fand sie einige Anhänger.[10] Bei den Bewohnern entstand ein ganz neues Lebensgefühl. Zu dieser Zeit existierten praktisch keine Tabus mehr und die Madrilenen kosteten ihre neuen Freiheiten so weit es ging aus. Man feierte nächtelang und trank Alkohol; je heftiger die Partys waren desto besser. Drogen „war[en] praktisch legal"[11]

---

[1] Vgl. *Anarchismus, „Schritte zum organisierten Widerstand"*
[2] Vgl. Gruner/Haeberli/Sieber 1979: 322
[3] *Webtec-Rose, „Geschichte, La Movida"* (2004-2009)
[4] Vgl. Gimber 2003: 111
[5] Vgl. *WhatMadrid, „La Movida in Madrid"* (2007)
[6] *Cafébabel, „Madrid war eine einzige Party"* (26.04.07)
[7] Nolte 2009: 177
[8] ~ Spaß, Vergnügen
[9] Nolte 2009: 49
[10] Vgl. *Webtec-Rose, „Geschichte, La Movida"* (2004-2009)
[11] Simonis 2007: 175

Als Initiator wird häufig die Jugend genannt, die alles Neue ausprobierte und über die Stränge schlug, doch auch ältere Menschen beteiligten sich und holten nach, was während des Frankismus nicht möglich gewesen war. Zum ersten Mal nach 40 Jahren Diktatur durften alle frei sagen, was sie dachten. Zudem kam es nicht darauf an, woher die Menschen stammten, denn auch von außerhalb beteiligten sich viele am Geschehen. Es interessierte nicht, aus welchem Grund etwas getan wurde und ob es vernünftig war, sondern nur, dass es Spaß bereitete. Man wollte sich vom Frankismus abgrenzen, in dem das Ausleben von Lust unterdrückt wurde.[1]

Trotz der neuen Freiheit der Meinungsäußerung lässt sich keine gemeinsame politische Richtung benennen. Das Prinzip der Movida besagte: Unabhängig vom politischen System sollte jeder tun dürfen, was er will. Von der Frisur über die Musikrichtung bis hin zur sexuellen Orientierung, alle Entscheidungen wurden frei und selbstständig getroffen.

Außerdem verweigerten die Madrilenen alles, was politisch gesehen von ihnen erwartet wurde. Auf den Putschversuch vom 23. Februar 1981 reagierten sie nicht mit Protesten, sondern machten sich vielmehr über die Geschehnisse lustig, indem sie sich als Oberleutnant Tejero verkleideten und Bars überfielen wie dieser zuvor den Reichstag.[2]

Innerhalb der Szene hatte sich schnell eine eigene Umgangssprache entwickelt, die neben der Gruppenbildung auch den Protest zum Ausdruck brachte. Diese spezielle Sprechweise war für Außenstehende schwer zu verstehen, denn viele Wörter bekamen eine neue Bedeutung und bezogen sich dann häufig auf den Drogenkonsum. Dies führte in der Movida zu einem großen Missverständnis: Bei der Eröffnung eines Musikfestivals begrüßte Tierno Galván die Gäste mit den Worten „[A] colocarse, y el que no esté colocado, que se coloque", was im normalen Sprachgebrauch „Bitte Platz nehmen, und der, der noch keinen hat, suche sich einen" bedeutet. Movida-Eingeweihte verstanden jedoch: „Der, der noch keine Drogen genommen hat, nehme welche". Bis heute ist unklar, ob der Bürgermeister den Movida-Jargon kannte oder unwissend war.

Angehörige der bürgerlichen Sprachgemeinschaft versuchten sich diese Umgangssprache anzueignen, um ihre Wirkung dadurch abzuschwächen. Sobald Ausdrücke des eigentlichen Argots in die Standardsprache übernommen wurden, verloren sie ihre Bedeutsamkeit hinsichtlich der gruppeninternen Verständigung. Dies ist sowohl in der Movida als auch allgemein gültig.[3]

Der Drogenkonsum an sich kann nicht als Besonderheit dieser Zeit bezeichnet werden, da in vielen Subkulturen die „entspannende und bewusstseinserweiternde Wirkung von Drogen gesucht wurde".[4] Die Movida-Akteure bevorzugten jedoch die stimulierende Wirkung und waren sich der prägnanten Gefahr der Folgen des Konsums nicht ausreichend bewusst. Sehr viele Menschen

---

[1] Vgl. Nolte 2009: 55-58
[2] Vgl. ebd.: 59f
[3] Vgl. ebd.: 138-140
[4] ebd.: 149

nutzten die Rauschgifte als Zeichen der Auflehnung gegen die Bürgerlichkeit, sodass zeitweise die Hälfte der Bewohner Madrids, so Ana Curra, drogenabhängig war. Der Verzehr von Alkohol und Drogen war somit sehr weit verbreitet; für die Integration aber keine Bedingung: Vielmehr zählten Mut und Risikofreude. Man imponierte durch ausgefallene Aktionen und künstlerische Äußerungen, die nicht professionell sein mussten, sondern vor allem ausdrucksstark.[1]

Eine Botschaft der Movida war es weiterhin, die Selbstbestimmung über den eigenen Körper durch Tätowierungen oder grelles Schminken auszudrücken. Mit Make-up oder provokanter Kleidung wollten die Akteure eigene Maßstäbe setzen und sich von der Norm abheben. Auch gegen typische Erscheinungsbilder und Verhaltensweisen der Geschlechter wurde binnen der Bewegung demonstrativ rebelliert; Transvestiten und Homosexuelle genossen es, ihre eigenen und zuvor unterdrückten Vorlieben offen zur Schau zu stellen. Während es die provokanten männlichen Akteure schafften, sich in den Vordergrund zu stellen, hielt sich die Präsenz der Frauen in der Öffentlichkeit in Grenzen. Ihnen ging es in erster Linie darum, ihr neues Selbstbewusstsein auszuleben, da Frauen vorher unter Franco kaum Achtung geschenkt wurde. Sie machten in der Gesellschaft klar, dass sie nicht länger den Männern untergeordnet waren. In der Movida wurde somit betont gegen all die konservativen Muster des Frankismus rebelliert.[2]

Selbst bei der Berufswahl standen den Akteuren alle Türen offen, denn sie schufen sich ohne weiteres neue, spannende Berufszweige, für die man meistens nicht einmal eine Ausbildung brauchte. Sie suchten in allen Lebenssituationen neue Herausforderungen, um ungekannte Glücksgefühle und möglichst viel Befriedigung zu erfahren.[3]

Die Movida war eine besondere Art zu leben, wobei die künstlerische Praxis eine große Rolle spielte. „Tú quieres, tú puedes"[4] – aus diesen Worten Ana Curras, einer spanischen Sängerin und Komponistin, die die Movida miterlebte, sieht man, dass keine Qualifikation nötig war, um der Bewegung beizutreten. Gemeinsam versuchte man, sich gegen alles Bestehende zu stellen und somit etwas Neues und Eigenes zu schaffen. Diese Kreationen und sozialen Praktiken wurden durch Musik, Film und andere künstlerische Darstellungsformen zum Ausdruck gebracht.[5]

3. Akteure zur Zeit der Movida

Neben ungefähr 100 unbekannt gebliebenen Anhängern gab es in der Movida circa 50 Akteure, die sich in der Öffentlichkeit einen Namen gemacht hatten und somit den so genannten „harten Kern"[6] bildeten. Sie formten eine Gruppe aus Filmemachern, Malern und anderen Künstlern, die gewollt

---

[1] Vgl. Nolte 2009: 140- 148
[2] Vgl. ebd.: 148-152
[3] Vgl. ebd.: 154
[4] ~ „Du willst, du kannst"
[5] Vgl. Nolte 2009: 61-63
[6] ebd.: 144

6

laienhaft ihre kreative Praxis ausübten; dabei respektierten sie weder das Reglement des Bürgertums noch dessen Traditionen – was zählte, war der Spaßfaktor. Ihre Arbeiten reduzierten sich oft nicht auf nur eine Ausdrucksform, stattdessen probierten sie verschiedene Disziplinen aus.[1]

3.1 Parallelitäten

Die „gemeinsame Lebensphilosophie [der Musiker, Künstler und Filmemacher bestand] im Wesentlichen aus drei Punkten: Einsicht der Notwendigkeit, das Leben bis zur Neige voll auszukosten, die Lust an der nonkonformistischen Grenzüberschreitung und Madrid als Bühne dieser Inszenierung".[2]

Innerhalb der Movida gab es unterschiedliche Gruppen von Anhängern der Bewegung; dazu gehörten Rocker und Punks, die sich durch ihr Auftreten und ihren Stil voneinander abgrenzten. Man konnte aber auch zwischen „Angehörigen des harten Kerns und [den] ´Weicheren´, die verschieden risikofreudig waren",[3] unterscheiden. So konträr diese auch waren, hatten sie doch eine gemeinsame Intention: Leben und Kunst zu fusionieren und alles Bürgerliche abzulehnen. Die Aktivisten signalisierten ihren Protest und ihre Provokation auch dadurch, dass sie sich auffallend anders kleideten als es üblich war und ihre Haare wider dem gesellschaftlichen Ideal zum Beispiel grün färbten. Da es noch keine ausgefallene Kleidung zu kaufen gab, waren sie sehr einfallsreich und improvisierten, um ihren Look zu gestalten. Keiner musste sich auf einen bestimmten Stil festlegen; man konnte jeden Tag ein neues Image annehmen.[4]

Bis auf wenige Ausnahmen hatte keiner der Movida-Akteure eine künstlerische Ausbildung. Ihr „Bekenntnis zum Dilettantismus und die darin enthaltene Provokation"[5] drückten die Musiker schon durch ihre Bandnamen aus. Sie nannten sich zum Beispiel *Peor Imposible*[6] und *Siniestro Total*[7], und auch bei *Kaka de Luxe*, der ersten spanischen Punkband, ist eine Anspielung auf die Ablehnung des Bürgerlichen zu erkennen.

Nicht nur mit Hilfe von Bandnamen, auch durch Verwendung von Pseudonymen wurden eigene Images geschaffen. Dies war eine Form der Selbstinszenierung, welche als „zentraler Bestandteil der kulturellen Praxis"[8] verstanden wurde. Die Darsteller entwarfen für sich selber, aber auch für die Öffentlichkeit eine Rolle, also eine alternative Identität, um sich vom Alltag und somit vom Bürgerlichen abzugrenzen. Mercedes Guillamón formulierte dies so: „[E]l mundo real y cotidiano no

---

[1] Vgl. Nolte 2009: 76f
[2] *Cafébabel, „Madrid war eine einzige Party"* (26.04.07)
[3] Vgl. Nolte 2009: 129
[4] Vgl. ebd.: 129-138
[5] ebd.: 102
[6] ~ Schechter geht's nicht
[7] ~ Totalschaden
[8] Nolte 2009: 109

tenía nada que ver con el mundo fantástico de la movida".[1] Die Pseudonyme gehörten zu den Charakteren der Akteure und man kannte sie oft nur unter diesem Namen.[2]

Durch die Projekte aller Künstler dieser Zeit zeichnete sich Qualität nicht mehr durch Können aus, wichtiger war, dass neue Ideen umgesetzt wurden und es den Beteiligten, Produzenten und Zuschauern Spaß machte.[3] Szenen des bürgerlichen Lebens wurden in den künstlerischen Werken parodiert; dies diente vor allem der Provokation. Das Bild, das durch Filme, Lieder und Bilder von den Akteuren vermittelt wurde, war nicht lediglich eine Rolle, die sie annahmen, es wurde zu ihrer realen Identität.[4]

Andere Anhänger der Movida, die sich nicht selbst in der Öffentlichkeit bekannt machten, hatten trotzdem einen großen Anteil am Geschehen: Sie ermöglichten insofern die Entwicklung von Kunst, dass sie selber ihre soziale Einstellung überbrachten. Deshalb kann man dieses Publikum nicht nur als Empfänger, sondern auch als Sender künstlerischer Impulse betrachten.[5]

Die Stadt Madrid als der Aktionsraum und das Zentrum der Movida wurde bei der Gestaltung der Kunst fokussiert; sie war der Schauplatz von Filmen und Bildern und wurde in Liedtexten genannt.[6] In Madrid gab es viele Orte, die den Akteuren als Treffpunkte und Raum zum Ausprobieren dienten. Die meisten Aktivitäten fanden im Madrider Centro statt und damit in einem Viertel, in dem Menschen aller Einkommens- und Bildungsschichten lebten. Somit differenzierten Movida-Künstler nicht zwischen unterschiedlicher sozialer Herkunft; sie bildeten auch künstlerisch eine Gemeinschaft und unterstützten sich gegenseitig bei ihren Projekten.[7]

Oft hatten sie ein vielseitiges Leben: Tagsüber gingen sie ganz gewöhnlich zur Arbeit oder in die Schule und nachts oder am Wochenende standen sie auf Bühnen und feierten Partys. Um den Wechsel zwischen der bürgerlichen Welt des Tages und der Ausgelassenheit in der Nacht besser zu bewältigen, war es nahezu normal, Drogen und Alkohol zu konsumieren.[8]

3.2 Pedro Almodóvar

Berühmt geworden ist Pedro Almodóvar als Filregisseur, worauf er allerdings nicht beschränkt werden sollte, denn „por estos años [...] trabajó como extra en teatro y cine, fomó parte del grupo de teatro *Los Goliardos*, escribió fotonovelas, creó el personaje de Patty Diphusa en *La Luna de Madrid*".[9,10] Dieses Magazin gilt als Szenezeitung der Movida; seine Kreation „Patty Diphusa" stand

---

[1] ~ „Die reale und alltägliche Welt hatte nichts mit der fantastischen Welt der Movida zutun."
[2] Vgl. Nolte 2009: 109-111
[3] Vgl. ebd.: 103
[4] Vgl. ebd.: 175-181
[5] Vgl. ebd.: 121
[6] Vgl. ebd.: 122
[7] Vgl. ebd.: 159/178
[8] Vgl. ebd.: 155
[9] Vgl. ebd.: 76
[10] ~ „in diesen Jahren arbeitete er außerdem für Theater und Kino, gehörte zu der Theatergruppe *Los Goliardos*, schrieb Fotoromane, schuf die Persönlichkeit der Patty Diphusa in *La Luna de Madrid*"

symbolisch für die typische Frau der damaligen Zeit.[1] Außerdem produzierte er einen Punksong, den er zusammen mit Fabio McNamara, der als Travestie-Künstler bekannt war, vortrug. Neben diesem zählte Almodóvar zu den Männern, die in der Movida am meisten Aufsehen erregten durch Selbstinszenierung als Frauen.[2] Er selber ahmte den klischeehaften Look einer Hausfrau nach, trug also bei Travestie-Auftritten einen Morgenrock und Lockenwickler. Neben Cortus, Capi und vor allem McNamara zählte er als Homosexueller zu den Impulsgebern der Movida.[3]

Abb. 1: McNamara und Almodóvar als Travestie-Künstler

Almodóvar wurde am 24. September 1949 (in anderen Quellen wird der 25.09.1951 genannt) geboren. Schon während seiner Kindheit, die er in einem Dorf in der Region La Mancha verbrachte, träumte er von einer aufregenderen Welt.[4] Als er zehn Jahre alt war, zog er nach Cáceres und ging auf ein Internat, in dem er nach dem Muster des spanischen Katholizismus erzogen wurde. Ab 1968 lebte er in Madrid, arbeitete zehn Jahre lang für die staatliche Telefongesellschaft *Telefónica* und lernte somit das kleinbürgerliche spanische Leben kennen, welches ein zentraler Inhalt in den meisten seiner Filme war. Ursprünglich hatte er geplant, eine Filmhochschule in Madrid zu besuchen, die jedoch durch Franco geschlossen wurde.[5] Seinen Traum, als Filmregisseur zu arbeiten, setzte Almodóvar auch ohne spezielle Ausbildung um, auch wenn er nur an Wochenenden und in der Nacht an seinen Filmen arbeiten konnte, solange er noch eine staatliche Anstellung hatte.[6]

Selbst sagt er über die Entwicklung seiner Filme, dass für ihn im Unterschied zu anderen Regisseuren, die zuerst ein Bild vor Augen haben, „am Anfang immer Wörter, Worte, eine Geschichte [stehen], die [ihn] dann zu den Bildern des Films führen".[7]
Als einzige Differenz zwischen Kino und Leben nennt Almodóvar, dass beim Kino die Möglichkeit besteht, das nicht vollkommene reale Leben zu perfektionieren. Ansonsten habe es die gleiche Wertigkeit, da kein „Unterschied zwischen echten und künstlerischen, realen und gespielten Gefühlen"[8] bestehe. Ihn begeistern Filme, die die Realität widerspiegeln, obwohl Handlungen übertrieben dargestellt werden. Das Entscheidende ist seiner Meinung nach nicht ein positives Ergebnis in dem Sinne, dass ein Film erfolgreich ist, sondern dass er reflektiert, was der Regisseur selber über das angesprochene Thema denkt.

---

[1] Vgl. Riepe 2004: 9
[2] Vgl. Nolte 2009: 86
[3] Vgl. ebd.: 151
[4] Vgl. *Zeit, „Pedro Almodóvar: 'Eine Art Gott'"* (07.08.2009)
[5] Vgl. Riepe 2004: 7-9
[6] Vgl. Nolte 2009: 155
[7] Riepe 2004: 7
[8] *Zeit, „Pedro Almodóvar: 'Eine Art Gott'"* (07.08.2009)

Es scheint, als wäre in Almodóvars Filmen nahezu alles möglich: Er bindet Elemente aus Fernsehen, Theater und Kunst mit ein; man kann ein Werk nicht auf nur ein Genre beschränken.[1] Viele seiner Arbeiten thematisieren zuvor tabu gewesene Themen wie Homo- und Transsexualität, zum Beispiel „Laberinto de Pasiones" aus dem Jahr 1982. In diesem Film tritt Almodóvar zusammen mit McNamara – in Frauenkleidern – als Sänger auf, genauso wie sie es in Wirklichkeit als Almodóvar&McNamara taten.[2]

„Unsere musikalischen Helden nahmen [Heroin], ich lebte unter Leuten, die es nahmen, hätte es auch nehmen können, wusste aber, dass ich mich dem nicht nähern durfte."[3] – So äußert sich Almodóvar über den Drogenkonsum, der neben den eben genannten Motiven in seinen Filmen wie auch im realen Leben eine Rolle spielte. Themen wie diese legt er oft beiläufig dar, jedoch ohne sie bagatellisieren zu wollen. Diese Nebensächlichkeit kann durch die Präsentation in ungewohnten Kontexten begründet werden.

Seine Werke „provozieren mit exotischen Charakteren, exzentrischen Bonbonfarben und einem Feuerwerk absurd-grotesker Einfälle". Sie vereinen „Tragödie, Leidenschaft, Triviale[s] und Absurd-Komische[s]" auf eine einmalige Weise.[4]

„Seine Geschichten sind haarsträubend unwahrscheinlich, konstruiert, unrealistisch, kitschig, klischeehaft, verdreht – aber immer auf eine gewisse Weise wahr".[5] Obwohl manches zunächst sehr ungeordnet und verwirrend wirkt, fügt Almodóvar mit Hilfe von Dialogen, Gesten, Kostümen und auch Dekorationen so Informationen in seine Filme ein, dass sich letztlich alles aufklärt und zu einem logischen Ende führt.[6]

Ein Großteil der Figuren aus Almodóvars Filmen gleicht Menschen des damaligen Madrider Straßenmilieus, Holguín begründet damit eine „recreación de este mundo".[7,8] Orte, die die Akteure als Treffpunkte nutzten, werden ebenfalls gezeigt. Als „la ciudad más divertida del mundo"[9] lässt Almodóvar Madrid von einer Figur in einem Filmdialog bewerten. Somit wird diese Stadt, die als Aktionsraum der Movida gilt, in seinen Werken nicht nur reflektiert, sie wird auch integriert.[10]

Charakteristisch für Almodóvars Filme ist, dass häufig Frauen im Zentrum der Handlung stehen.[11] Er erzeugt mittels seiner Werke ein ganz eigenes Bild des postfrankistischen Madrid.[12]

---

[1] Vgl. Riepe 2004: 12
[2] Vgl. Stern, „Die bunte Welt des Pedro Almodóvar" (24.09.09)
[3] Riepe 2004: 10
[4] Kino, „Pedro Almodóvar"
[5] Riepe 2004: 14
[6] Vgl. ebd.:15f
[7] Nolte 2009: 124
[8] ~ Nachahmung dieser Welt
[9] ~ die lustigste Stadt der Welt
[10] Vgl. Nolte 2009: 125
[11] Vgl. Riepe 2004: 12
[12] Vgl. ebd.: 9

3.2.1 Pepi, *Luci, Bom y otras chicas del montón*[1]

Mit *Pepi, Luci, Bom y otras chicas del montón* war Almodóvar der Erste, der es in der Movida gewagt hat, Tabuthemen öffentlich darzustellen. Auch die Handlung dieses Films dreht sich wieder um Selbstverwirklichung.

Protagonisten sind drei Frauen; zum Ersten Pepi (Carmen Maura), die anfangs vom Geld ihres Vaters lebt, dann aber in einer Werbeagentur ihre Fantasien verwirklicht, zum Zweiten ihre Freundin Bom (Alaska), die sadistische Leaderin einer Band und zum Dritten Luci (Eva Siva), eine zunächst anständigen Hausfrau, die ihren Mann verlässt, um Boms Groupie zu werden und sogar eine Beziehung mit ihr eingeht.[2]

Pepi, die auf ihrem Balkon Marihuana anbaut, wird von einem Polizisten (Félix Rotaeta) vergewaltigt. Zuvor hatte er ihr gedroht, sie anzuzeigen, wenn sie nicht mit ihm schläft. Sie bittet ihre Freundin Bom und deren Band, ihn aus Rache zu verprügeln; zu Schaden kommt jedoch nur der friedliche Zwillingsbruder des Polizisten.

Pepi will nicht aufgeben und lernt Luci kennen, die mit dem Polizisten verheiratet ist. Als Pepi Luci mit zu sich nach Hause nimmt, um von ihr das Stricken zu lernen, macht diese Bekanntschaft mit Bom, die Pepi besuchen will. Auf dessen Anforderung uriniert Luci Bom zur Begrüßung ins Gesicht. Schnell entwickelt sich eine Beziehung zwischen den beiden. Im weiteren Verlauf des Films gehen die drei Frauen zusammen auf Partys und nutzen jede Möglichkeit, Spaß zu haben.

Vor einer Diskothek treffen sie wieder auf den Polizisten, der Luci schlägt. Im Krankenhaus erklärt sie Bom und Pepi dann, sie wolle zu ihrem Mann zurückkehren.[3]

Bom wohnt zusammen mit zwei homosexuellen Männern, Juan und Enrique Costus, in einer Wohnung. Für das Filmpublikum sind einige selbstgemalte Bilder an den Wänden zu sehen, unter anderem ein Portrait der Franco Witwe Carmen Polo, welches diese nach Vorlage der amerikanischen Pop-Art abbildet. Somit wird ihre Rolle als Ikone des Frankismus verlächerlicht; diese Wirkung wird dadurch verstärkt, dass das Portrait hinter einem Sofa hängt, auf dem Pepi, Luci und Bom – ganz entgegengesetzt dem bürgerlichen Muster Francos – Drogen nehmen und Pornocomics lesen.[4]

Pepi initiiert ein Filmprojekt; sie will das alltägliche Leben ihrer Freunde reproduzieren. Dabei lautet die erste aufgeschriebene Zeile „Pepi, Luci y Bom". Almodóvar erreicht somit, dass der Film gleichzeitig auch über sich selbst reflektiert.[5]

Anfangs war als Titel für den Film „Erecciones generales" als Anspielung auf die „elecciones generales" geplant. Gemeint waren die ersten Wahlen, die 1977 nach 40 Jahren Dikatur stattgefunden haben.

---

[1] ~ Pepi, Luci, Bom und andere gewöhnliche Mädchen
[2] Vgl. Nolte 2009: 88
[3] Vgl. *Follow-me-now, „Pepi, Luci, Bom und die anderen Mädchen vom Haufen"*
[4] Vgl. Nolte 2009: 90f
[5] Vgl. Riepe 2004: 27f

Man kann in „Erecciones generales" nicht nur einen Witz, sondern auch ein Grundmotiv der Geschichte erkennen, denn in einer Szene findet ein Erektionswettbewerb statt. Almodóvar selbst hat einen Auftritt als Conférencier – gekleidet in den spanischen Nationalfarben.[1]

Schon in diesem ersten Film Almodóvars, der 1980 veröffentlicht wurde, wurden Aspekte aus Film, Malerei und Comic kombiniert.

Mit Pepi, Luci, Bom y otras chicas del montón schuf Almodóvar einen Film „voller Provokation, Tabubrüche und exaltierter Auftritte". [2] Jedes Requisit, das im Film zu sehen ist, kommt symbolischer Funktion nach: Zum Beispiel stehen auf dem Fensterbrett von Pepi Marihuanapflanzen, die zwar nur unscharf zu erkennen sind, dennoch einen Appell gegen das Verbot von Drogen in der bürgerlichen Gesellschaft darstellen.

Abb. 2: Filmplakat zu Pepi, Luci, Bom

Auch dadurch, dass während des Drehs teilweise improvisiert wurde, entsteht ein Eindruck von Authentizität der Handlungen. Er gilt als repräsentativ für die Movida, vor allem, da viele Amateur-Schauspieler mitwirkten, die sich gewissermaßen selber darstellten.[3] Diese hat Almodóvar ganz bewusst gewählt, um eine enge Verbindung zwischen Wirklichkeit und Film zu schaffen. Das Publikum wird mit in das Kunstschaffen einbezogen und folglich die Grenze zwischen Leben und Kunst dezimiert.

Der Film beinhaltet sowohl Elemente „kleinbürgerliche[r] Spießerwelten"[4] als auch Popkultur, auffällige Kleidung und ungewöhnliches Benehmen. Diese werden so miteinander verbunden, dass man das Gefühl hat, das Leben zur Zeit der Movida habe wirklich so ausgesehen.

Obwohl er eine eher schlechte Qualität aufweist, da das Bild von 16 auf 35 mm vergrößert wurde und auch der Ton gedämpft klingt, zeigt er eine große Ideenvielfalt.[5]

3.3 Alaska

„Nunca me ha gustado la palabra movida, ni como palabra, ni como supuesto significado. Da a entender que era una cosa organizada, un movimento, cuando se trataba de algo muchísimo naif. Pero de alguna forma hay que llamarle, porque algo pasó."[6,7] Das „etwas passiert ist" wie sie es ausdrückt steht außer Frage, jedoch hat Olvido Gara, besser bekannt als Alaska, es nicht nur miterlebt, sie hat auch in der Bewegung mitgewirkt. Heute zählt sie sogar zu den bekanntesten Akteuren der Movida.

[1] Vgl. Riepe 2004: 22
[2] ebd.: 19
[3] wie Juan und Enrique Costus, die sich selber darstellen; Alaska, die die Gitarristin Bom spielt oder Fabio McNamara, der als Transvestit auftritt
[4] Follow-me-now, „Pepi, Luci, Bom und die anderen Mädchen vom Haufen"
[5] Vgl. Nolte 2009: 103
[6] ~ „Mir hat das Wort movida nie gefallen, weder als Wort, noch als vermutliche Bedeutung. Als angedeutet wurde, dass es eine organisierte Sache gewesen ist, eine Bewegung, handelte es sich um etwas sehr Naives. Aber irgendwie muss sie genannnt werden, weil etwas passiert ist."
[7] Gallero 1991: 372

Im Film *Pepi, Luci, Bom y otras chicas del montón* spielte Alaksa Bom, die sadistische Bandleaderin. Dieses Bild entspricht auch ihrem realen Leben: Sie wirkte zur Zeit der Movida in zwei Punkbands mit und gilt außerdem als alles andere als zurückhaltend. Zu Kaka-de-Luxe-Zeiten, also 1977, war Alaska gerade einmal 14 Jahre alt. Sie besuchte eine französische Privatschule und war immer besorgt, dass sie in ihrer Schuluniform gesehen wird, weil sie nicht als spießig gelten wollte. In ihrer Band, die sich aus Carlos Berlanga, Nacho Canut und ihr zusammensetzte,[1] konnte niemand singen oder ein Instrument spielen.[2] Trotzdem versuchte sie sich an der Gitarre, denn sie war der Meinung es reiche, vier Akkorde zu beherrschen, um einen Punksong auf der Bühne präsentieren zu können.[3]

Zwei Jahre später, also 1979, löste sich *Kaka de Luxe* auf, um 1980 mit zwei neuen Mitgliedern unter dem Namen Alaska y los Pegamoides wieder an die Öffentlichkeit zu treten. Diese waren Eduardo Benavente und Ana Curra,[4] die als Einzige gelernt hatte, ihr Instrument, das Keybord, zu spielen.[5]

„Bailando, me paso el día bailando", „Bebiendo, me paso el día bebiendo" – aus diesen Liedzeilen des erfolgreichsten Stückes der *Pegamoides* ist ganze eindeutig ihre Einstellung zu entnehmen: Sie wollten feiern, Alkohol trinken und wie alle Akteure der Movida einfach Spaß haben, indem die Nacht zum Tag gemacht wurde.

> Bailando.
> Me paso el día bailando.
> Y los vecinos mientras tanto.
> No paran de molestar.
> Bebiendo.
> Me paso el día bebiendo.
> La cocktelera agitando.
> Llena de Soda y Vermut.
>
> Tengo los huesos desencajados,
> el femur tengo muy dislocado;
> tengo el cuerpo muy mal,
> pero una gran vida social.
>
> Bailo todo el día,
> con o sin compañia.
> .. Muevo la piena, muevo el pie,
> muevo la tibia y el peroné;
> muevo la cabeza, muevo el esternón,
> muevo la cadera siempre que tengo ocasión.
>
> Tengo los huesos desencajados,
> el femur tengo muy dislocado;
> tengo el cuerpo muy mal,
> pero una gran vida social.

---

[1] Vgl. *Pop de los 80, „Kaka de Luxe + Alaska y los Pegamoides + Alaska y Dinarama"* (15.04.08)
[2] Vgl. Nolte 2009: 155
[3] Vgl. ebd.: 105
[4] Vgl. *Alaska y Dinarama, „Biografia"* (2006)
[5] Vgl. Nolte 2009: 101

Bailando…[1]

Im Verlauf des Liedes wird weiterhin beschrieben, dass alle Körperteile sich beim Tanzen bewegen und dadurch Schäden tragen; als Entschädigung dafür wird ein tolles Beieinander, „una gran vida social", genannt.

Dieses Stück aus dem Jahr 1982 war so erfolgreich, wahrscheinlich weil seine Aussage genau dem Lebensgefühl aller entsprochen hat, dass es sogar in die englische Sprache übersetzt wurde.

4. Die Auswirkungen der Movida

Heute gilt Madrid als eine der jungen, „coolen" Großstädte Europas. Man kennt sie als „vibrierende Wirtschafts- und Kulturmetropole",[2] die jährlich sehr viele Touristen anzieht. Ein Grund dafür ist das Nachtleben; Bars wie *El Penta* oder *La Vía Láctea*, die schon zur Zeit der Movida als Treffpunkte galten, sind heute noch gut besucht.[3]

Ana Curra berichtet, sie habe die Kleidung aufbewahrt, die sie getragen hat. Sie erinnert sich dadurch an die Zeit der Movida; an den Spaß, den die Reaktionen, die selbsterstellte Kleider und Hosen bei konservativen Bürgern hervorgerufen haben, brachten.[4]

Gegen 1983 verlor die Movida allmählich ihren speziellen Charakter. Es wurden weniger spontane, ausgelassene Partys gefeiert; die Gruppe der Movida-Akteure hatte sich zu einer unüberschaubaren Vielzahl an Spaniern entwickelt und ihre vorher Aufsehen erregenden Handlungen wie große Feste feiern wurden von jedermann betrieben. Mit der Zeit wurde alles, das vorher Vergnügen bereitet hatte, abwechslungslos und langweilig. Außerdem wurden vielen die Auswirkungen des Drogenkonsums bewusst. Pedro Almodóvar lässt seine Patty Diphusa 1984 bekannt geben: „ADIOS. Ya nada me divierte. Y mucho menos cundo la DIVERSION es MODA. […] Todo son fiestas, todo es sexo, todo es alegría y inconsciencia. Pues no. Los juegos dejan de serlo cuando se convierten en una manifestación cultural."[5] Dies war gleichzeitig seine letzte Kolumne für *La Luna de Madrid*.[6]

Trotzdem kann man nicht sagen, dass die Movida zu diesem Zeitpunkt beendet war. Zwar wurden öffentlich keine Drogen mehr genommen und auch Transvestismus stellte sich ein, jedoch wirken viele Elemente bis heute in Madrid weiter: Homosexuelle werden akzeptiert und spanische Popmusik ist sehr beliebt.[7]

---

[1] *Sitio de Letras, „Letra de la canción Bailando de Alaska"* (2006)
[2] *Aventinus, „Vor der movida: Madrid und die widersprüchliche Modernisierung Franco-Spaniens"* (06/07)
[3] Vgl. *WhatMadrid, „La Movida in Madrid"* (2007)
[4] Vgl. Nolte 2009: 138
[5] ~ „TSCHÜSS. Nichts vergnügt mich mehr. Und schon gar nicht wenn der SPAß MODE ist. Immer nur Feiern, immer nur Sex, immer nur Fröhlichkeit und Unbewusstheit. Jetzt nicht mehr. Die Spiele hören auf welche zu sein, wenn sie sich in kulturelle Kundgebung verwandeln."
[6] Vgl. Nolte 2009: 157
[7] Vgl. ebd.: 70

14

Um die Movida in den Köpfen der Menschen zu erhalten, wurden viele Relikte veröffentlicht. Alaska hat mit *Alaska y otras historias de la Movida* 2002 ihre Anekdoten publiziert; 2003 wurde *20 años de Movida*, eine Best-Of-CD der größten Hits dieser Zeit, auf den Markt gebracht und zwischen November 2006 und Februar 2007 wurden 200 Veranstaltungen wie Ausstellungen, Konzerte und Filmvorführungen organisiert, „um den Jüngeren die Movida Madrileña zu vermitteln".[1]

III Fazit

Nachdem ich mich nun intensiver mit dem Thema beschäftigt habe, kann ich sagen, dass sich mein erster Eindruck bestätigt hat: Man kann die Movida als einen neuen Abschnitt im Leben der Spanier betrachten. Neben politischen Veränderungen sind vor allem kulturelle Aspekte ausschlaggebend für ihre Bedeutsamkeit.

Die neuen Freiheiten lebten die Akteure dieser Zeit in ihrer Kunst aus; ohne sie könnte man heute kaum einen authentischen Eindruck von ihren Einstellungen und ihrem damaligen alltäglichen Leben bekommen, denn sie setzten neue, eigene Maßstäbe. Zweifellos war die Movida, die Renaissance der spanischen Kultur, ein unverwechselbares, eindrucksvolles Ereignis.

Bei meinen Recherchen habe ich festgestellt, dass lediglich eine Studie existiert, die sich speziell mit dieser Kulturbewegung befasst. Aus diesem Grund habe ich versucht, weitere Informationen im Internet zu finden, die die Movida aber fast alle auf den Inbegriff der neuen Freiheit reduzieren; die Komplexität dieser Bewegung konnte ich erst durch gründliche Untersuchungen erfassen.

Ich bin der Meinung, dass die Movida Madrileña ein Phänomen war, dem bisher zu wenig Beachtung geschenkt worden ist.

---

[1] Nolte 2009: 182

15

IV Quellenverzeichnis

Gallero, José Luis: Sólo se vive una vez. esplendor y ruina de la movida madrileña, Ardora Ediciones, s.l. 1991

Gimber, Arno: Kulturwissenschaft Spanien. Klett, Stuttgart 2003

Gruner, Erich/ Haeberli, Wilfried/ Sieber, Eduard: Weltgeschichte des 20. Jahrhunderts. Rertsch, Zürich 3. Aufl. 1979

Nolte, Julia: Madrid bewegt. Die Revolution der Movida 1977 - 1985, Vuervuert, Frankfurt am Main 2009

Ostermann, Roland: Transition und sozialer Umbruch. In: Walter L. Bernecker/ Klaus Dirscherl (Hrsg.): Spanien heute. Politik - Wirtschaft - Kultur, Vuervuert, Frankfurt am Main 1998

Pfetsch, Frank R. (Hrsg.): Konflikte seit 1945. Daten - Fakten - Hintergründe, Ploetz, Freiburg/Würzburg 1991

Riepe, Manfred: Intensivstation Sehnsucht. Blühende Geheimnisse im Kino Pedro Almodóvars/ Psychoanalytische Streifzüge am Rande des Nervenzusammenbruchs, transcript, Bielefeld 2004

Simonis, Damien: Spanien. Mair Dumont DE, s.l. 2007

Universalwörterbuch Spanisch. Bertelsmann/Larousse, Gütersloh/München 2. Aufl. 2005

"Biografia", *Alaska y Dinarama* (2006). http://www.alaskaydinarama.com/, 03.11.09

"Die bunte Welt des Pedro Almodóvar", *Stern* (24.09.09). http://www.stern.de/kultur/film/60-geburtstag-die-bunte-welt-des-pedro-almodovar-1510755.html, 18.10.09

"Francisco Franco", *DHM* (s.a.). http://www.dhm.de/lemo/html/biografien/FrancoFrancisco/ 12.10.09

"Francisco Franco", *Uni-Protokolle* (s.a.). http://uni-protokolle.de/Lexikon/Francisco_Franco.html, 17.09.09

"Franquismus – Spanien unter der Diktatur Francos", *fascho!* (2007). http://fascho-dieausstellung.ch/index.php?option=com_content&task=view&id=155, 12.10.09

"Geschichte, La Movida", *Webtec-Rose* (2004-2009). http://www.webtec-rose.de/?thema=la_movida, 23.09.09

"Kaka de Luxe + Alaska y los Pegamoides + Alaska y Dinarama", *Pop de los 80* (15.04.09). http://www.popdelos80.com/kaka-de-luxe-alaska-y-pegamoides-alaska-y-dinarama/, 03.11.09

"La Movida in Madrid", *WhatMadrid* (2007). http://www.whatmadrid.com/reisefuehrer/movida-madrid.html, 23.09.09

"La Movida Madrileña", *madrid-uno* (2009). http://www.madrid-uno.com/society/movida.htm, 23.09.09

"Letra de la canción Bailando de Alaska", *Sitio de Letras* (2006).
http://www.sitiodeletras.com/mostrar.php?lid=1033&artista=Alaska&titulo=Bailando,
28.10.09

"Madrid war eine einzige Party", *Cafébabel* (26.04.07).
http://www.cafebabel.de/article/20773/madrid-war-eine-einzige-party.html, 23.09.09

"Pedro Almodóvar", *Kino* (s.a.). http://www.kino.de/star/pedro-almodovar/14134.html, 18.10.09

"Pedro Almodóvar: ´Eine Art Gott´", *Zeit* (07.08.2009).
http://www.zeit.de/2009/33/Interview-Almodovar, 18.10.09

"Pepi, Luci, Bom und die anderen Mädchen vom Haufen", *Follow-me-now* (s.a.). http://www.follow-me-now.de/html/body_almodovar_i.html, 25.10.09

"Schritte zum organisierten Widerstand", *Anarchismus* (s.a.).
http://www.anarchismus.de/aktion/aktion24/spanien2.htm, 01.11.09

"Vor der movida: Madrid und die widersprüchliche Modernisierung Franco-Spaniens", *Aventinus*
(06/07).
http://www.aventinus.geschichte.uni-muenchen.de/_altdaten/index.php?ausg=3&id=50&subid=48,
23.09.09

Bilder:

Abb.1:
http://www.crdp.ac-creteil.fr/artecole/de-visu/almodovar/images/almodovar-y-mc-namara2.jpg

Abb.2:
http://www.follow-me-now.de/html/body_almodovar_i.html